ANALISI DEL LIBRO

AF137384

Il gattopardo
· · · · · · · · · · · · · · · · · ·

GIUSEPPE TOMASI DI LAMPEDUSA

ANALISI DEL LIBRO

Scritto da Pauline Coullet
Tradotto da Sara Rossi

Il gattopardo

· ·

Giuseppe Tomasi di Lampedusa

MUST
READ

GIUSEPPE TOMASI DI LAMPEDUSA

ROMANZIERE E SCRITTORE ITALIANO DI RACCONTI

- **Nato a Palermo (Sicilia) nel 1896.**
- **Morto a Roma nel 1957.**
- **Opere degne di nota:**
  - *Il professore e la sirena* (1961), novella
  - *Le Lezioni su Stendhal* (1977), saggio
  - *Byron* (2010), saggio

Giuseppe Maria Fabrizio Salvatore Stefano Vittorio Tomasi, principe di Lampedusa, duca di Palma di Montechiaro e membro dell'aristocrazia siciliana, ha terminato di scrivere *Il Gattopardo, il* suo unico romanzo, poco prima di morire. È anche autore di diversi studi letterari, tra cui uno su Stendhal (scrittore francese, 1783-1842).

Fu un militare più che altro, servendo come tenente in entrambe le guerre mondiali. Nel 1932 sposò Alessandra Wolff-Stomersee (1894-1982), una psicanalista di San Pietroburgo.

Lampedusa morì in un albergo di Palermo, proprio come l'eroe del suo romanzo, senza mai vedere pubblicato il suo unico romanzo.

IL GATTOPARDO

SICILIA, PASSIONE E MALINCONIA

- **Genere**: romanzo storico
- **Edizione di riferimento**: Tomasi, G. (2007) *Il Gattopardo*. Trans. Colquhoun, A. New York: Pantheon.
- **1° edizione**: 1960 (opera originale pubblicata in Italia nel 1958)
- **Temi**: Storia italiana, aristocrazia, declino, morte, solitudine, ambizione

Il Gattopardo racconta la caduta di una famiglia nobile e, attraverso di essa, il destino dell'intera aristocrazia siciliana durante il *Risorgimento* ("risorgimento" o "rinascita" in italiano, termine usato per descrivere il movimento ideologico e politico che attraversò l'Italia durante la prima metà del XIX secolo e culminò nella costituzione del Regno d'Italia nel 1861). Pur essendo principalmente un romanzo storico, il libro presenta anche un aspetto autobiografico. Si distingue per la particolare importanza che attribuisce alla soggettività dell'eroe.

Quando fu pubblicato per la prima volta in Italia nel 1958, *Il Gattopardo* non ottenne subito un grande successo di pubblico, nonostante avesse vinto il Premio Strega, il più prestigioso premio letterario italiano. In quel periodo in Italia dominava la scena letteraria e cinematografica il neorealismo, un movimento caratterizzato dalla rappresentazione cruda della società contemporanea e dalla glorificazione dell'antifascismo. Tuttavia, con il tempo il libro ha trovato un pubblico. Oggi è considerato un classico della letteratura italiana ed è uno dei libri che fanno parte dei programmi scolastici in Italia. Il fedelissimo adattamento cinematografico di Visconti (regista italiano, 1906-1976) vinse la *Palma d'Oro* al Festival di Cannes nel 1963.

SINTESI

L'ALBA DI UNA NUOVA ERA...

Il romanzo si apre con il principe di Salina, don Fabrizio, che recita il rosario (una sorta di preghiera) e descrive il suo palazzo a Palermo, il Regno delle Due Sicilie e la sua famiglia. Il Principe di Salina è l'archetipo dell'antica aristocrazia italiana a cui appartiene. È un uomo colto e potente, spesso accompagnato dal suo cane Bendicò, di cui apprezza la fedeltà e l'intelligenza.

Nel maggio del 1860, Don Fabrizio ha una conversazione politica con il nipote Tancredi, un uomo che ama più dei suoi stessi figli. In seguito, viene a sapere che la figlia Concetta è innamorata di lui e disapprova, ritenendola immeritevole di Tancredi. Il giovane è un personaggio ambizioso, disposto a tutto pur di raggiungere i suoi obiettivi.

All'epoca, l'Italia stava attraversando molti cambiamenti: stava entrando nel periodo noto come *Risorgimento,* che avrebbe portato all'unificazione del Paese (1861) e allo sviluppo dell'orgoglio nazionale. "Se vogliamo che le cose rimangano come sono, dovranno cambiare", spiega il Principe al nipote (p. 10). Tancredi vuole unirsi ai sostenitori DEL re Vittorio Emanuele II (1820-1878), che erano per l'unità d'Italia. D'altra parte, don Fabrizio, insieme al resto dell'aristocrazia siciliana, teme che l'unificazione gli tolga i suoi privilegi, poiché implica l'unione del Regno delle Due Sicilie al resto d'Italia e la caduta di re Francesco II (l'ultimo sovrano del Regno delle Due Sicilie,

1836-1894), che all'epoca regnava su Palermo. Purtroppo per lui, il giorno dopo scopre che il generale Garibaldi (1807-1882), che combatteva per l'unificazione dello Stato italiano, è sbarcato a Marsala.

Don Fabrizio, in compagnia del suo cane, si reca poi all'osservatorio di Padre Pirrone, suo amico e confidente. I due discutono dei recenti avvenimenti politici e dei cambiamenti ancora in atto: l'avvento della borghesia come nuova classe dominante e l'abolizione dei privilegi dell'aristocrazia e della Chiesa. Passano poi alla loro passione comune: lo studio del movimento degli astri.

Durante le vacanze, il Principe e la sua famiglia si recano nelle loro terre a Donnafugata: "amava la casa di Donnafugata, la gente, il senso della proprietà feudale che vi sopravviveva" (p. 17). Tuttavia, Don Fabrizio la trova una città cambiata, soprattutto a causa dell'ascesa del rampante Don Calogero Sedara, capo dei liberali, un contadino che è diventato ricco come lui grazie ai suoi affari. Il Principe vede "la rivoluzione in quella cravatta bianca e due code nere" (p. 23). Anche il cane Benidicò gli ringhia contro quando lo vede. In effetti, il Paese sta cambiando: la borghesia comincia a crescere, mentre lo stile di vita della nobiltà è ormai minacciato. Tuttavia, il Principe sembra voler ignorare questo pericolo incombente e, con il passare del tempo, inizia a conoscere Sedara: la differenza di classe che all'inizio divideva i due uomini inizia a svanire. Il Principe riconosce anche l'intelligenza pragmatica di Sedara. La figlia Angelica affascina subito Tancredi con la sua bellezza mozzafiato e la sua ricchezza.

Poco tempo dopo, il giovane chiede al Principe il permesso di sposare Angelica. Stella, la moglie di don Fabrizio, non la prende bene, considerando un matrimonio tra un nobile e la figlia di un rampante come un'unione inadeguata. Anche altri, come Don Ciccio, non vedono di buon occhio l'unione: "Che schifo, Eccellenza! È la fine dei Falconeri e anche dei Salinas" (p. 35). Da parte sua, don Fabrizio si rivela disposto ad adattarsi e approva il matrimonio.

Angelica visita per la prima volta la casa dei Salinas come fidanzata di Tancredi. L'intera dimora appare fatiscente, segno che il declino della nobiltà è già iniziato, ma anche carica di una certa atmosfera sensuale. In effetti, le passeggiate romantiche e i giochi dei due amanti provocano una tensione sessuale che permea il castello.

Un intero capitolo è dedicato alla visita di padre Pirrone alla sua famiglia a San Cono. Questa piccola digressione permette a Tomasi di evidenziare le condizioni di vita dei contadini e di concentrarsi sul sacerdote, incaricato di districare una complessa vicenda familiare. Sua nipote Angelica, incinta di tre mesi, è stata sedotta dal figlio di Turi, del ramo rivale della famiglia. La lite risale a generazioni fa ed è iniziata con il furto di alcuni mandorli. Il padre risolve la situazione facendo sposare i due amanti.

Mentre è a caccia, il Principe ha una conversazione con Don Ciccio a proposito di un plebiscito sull'unificazione di Donnafugata. Ciccio denuncia questo referendum, che considera truccato e che definisce "uno stupido annullamento della prima espressione di libertà che sia mai stata offerta loro [al popolo]" (p. 33). In effetti, sotto la pressione di alcuni importanti cittadini locali, i siciliani votano a stragrande maggioranza a favore dell'unificazione, così come – paradossalmente – il Principe. Egli crede che, adattandosi ai cambiamenti in arrivo, potrà salvare la sua famiglia dalla generale caduta dell'aristocrazia. Infatti, l'unificazione porterà alla liberalizzazione del potere, spogliando l'aristocrazia dei suoi privilegi e facilitando l'ascesa della nuova classe borghese degli imprenditori.

Nel novembre 1860, il Principe riceve la visita del piemontese Chevalley di Monterzuolo. I due discutono delle differenze tra il Nord e il Sud d'Italia. Chevalley suggerisce al Principe di diventare membro nominato del Senato, ma Don Fabrizio rifiuta per fedeltà ai Borboni:

> *"Noi eravamo i leopardi, i leoni; quelli che prenderanno il nostro posto saranno piccoli sciacalli, iene; e tutti noi, leopardi, sciacalli e pecore, continueremo a pensare di essere il sale della terra" (p. 53).*

Due anni dopo, i Salinas e i Sedara vanno a un ballo a Palazzo Ponteleone. Angelica muove i primi passi nel mondo dell'aristocrazia. Suo padre è molto preso dal palazzo: è "insensibile al suo fascino, [ma] intento al suo valore monetario" (p. 64). Il principe, invece, è stanco e si ritira in biblioteca, dove contempla il quadro di Greuze (pittore francese, 1725-1805) *Morte dell'uomo giusto* e immagina la propria morte. Tuttavia, un ballo con Angelica lo tranquillizza: "a ogni giro gli cadeva un anno dalle spalle" (p. 66). Tornando a casa, contempla malinconicamente le stelle, gli unici elementi che crede di comprendere ora che sente avvicinarsi la sua morte e quella dell'aristocrazia.

... E LA FINE DI UN ALTRO

Qualche anno dopo, ritroviamo il Principe sul letto di morte in un albergo fatiscente di Palermo. Tancredi e suo nipote Fabrizietto gli fanno visita per l'ultima volta. Don Fabrizio riflette amaramente sulla sua vita e sulla sua famiglia: "l'ultimo dei Salinas era proprio lui, questo gigante smunto che stava morendo sul balcone di un albergo" (p. 71). E poi la morte, sotto forma di una bella donna in abiti da viaggio – Venere – viene a prenderlo.

Nel maggio del 1910, la stabilità torna a regnare in tutta Italia. Scopriamo che le tre figlie del Principe, tra cui Concetta, sono zitelle. Vivono ai margini dell'aristocrazia italiana. Nel loro palazzo di Palermo ricevono la visita del Vicario generale, venuto a ispezionare le cappelle private della sua arcidiocesi secondo le disposizioni papali: si deve verificare l'autenticità delle reliquie religiose raccolte dalle tre donne. Si tratta di una scena importante, perché la loro pietà e il loro legame con i Nobili della Roba, che la grande quantità di reliquie raccolte dovrebbe simboleggiare, è l'ultimo segno della loro appartenenza all'aristocrazia decaduta. Tuttavia, al termine dell'ispezione, il Cardinale di Palermo dichiara che solo cinque delle 74 reliquie della famiglia sono autentiche: questo colpo finale, che priva le donne dei pochi privilegi rimasti, pone fine a ciò che resta del loro prospero passato.

Concetta, riflettendo su "un inferno di ricordi mummificati" (p. 266) nella sua stanza, contempla il suo corredo (gli abiti che si danno a una ragazza che si sposa), ormai inutile. Come al solito, riceve la visita di Angelica, alle prese con la malattia, e del senatore Tassoni, vecchio amico di Tancredi. Alla fine del romanzo, butta via il cane Bendicò, ormai morto e impagliato, la cui pelliccia logora lo fa assomigliare a un leopardo.

STUDIO DEL CARATTERE

DON FABRIZIO, IL PRINCIPE DI SALINA

Don Fabrizio, l'eroe del romanzo, discende dall'antica aristocrazia siciliana per parte di padre ma, grazie alla madre, ha anche sangue tedesco. Descritto come un uomo grande, potente e dalla testa calda, il Principe ha una certa somiglianza con Giove o Poseidone. La sua corporatura e la sua forza gli conferiscono anche un aspetto leonino, che lo accomuna al leopardo, presente nello stemma della famiglia Salina. Ha sette figli dalla moglie Maria Stella, ma a tutti preferisce Tancredi Falconeri, suo nipote.

Il Principe si distingue soprattutto per l'ambivalenza e la complessità del suo carattere. Infatti, quest'uomo, sebbene sensuale e guidato dalla passione, ha un lato più scientifico quando parte per studiare le stelle. Inoltre, la focalizzazione interna del romanzo rivela la ricchezza della sua vita interiore e le sue aspirazioni intellettuali. Il libro si concentra sulla soggettività del Principe, che è:

- orgoglioso del suo retaggio aristocratico ("Noi eravamo i Leopardi, i Leoni; quelli che prenderanno il nostro posto saranno piccoli sciacalli, iene", p. 53)

- audace

- malinconia quando pensa alle stelle o anche alla morte, come nella scena del ballo

- sensuale: gli piace la sensualità di Angelica e ha diversi amanti

- contemplativo

- temperamento veloce

- gentilmente.

In breve, il Principe, attraverso il suo carattere, il suo destino e le sue scelte, simboleggia l'aristocrazia nel suo complesso. Il suo potere e il rispetto che ispira agli altri, così come la sua inazione (non si impegna in politica per cercare di salvare la sua posizione, perché sa che è una battaglia persa), riflettono il modo di vivere e il destino degli aristocratici. Il *Risorgimento* preoccupa quest'uomo anziano, giustamente, e comincia a interrogarsi sulle conseguenze dei cambiamenti politici e sociali sul suo modo di vivere e sull'antico ordine feudale.

Muore da vecchio, anche se si rammarica di non aver vissuto una vita veramente piena. Si spegne serenamente, circondato dalla sua famiglia, seguendo Venere, la stella di leggendaria bellezza che aveva ammirato per molti anni. La sua morte simboleggia la fine dell'aristocrazia: nel capitolo successivo le figlie guardano ai loro ricordi di un passato prospero e nobile.

 ## L'IMPORTANZA DEGLI ANIMALI NEL ROMANZO

Lampedusa sviluppa un intero bestiario di animali nel suo romanzo. Troviamo leopardi e leoni, che rappresentano l'aristocrazia e vengono scalzati dagli sciacalli (Don Calogero)

e dalle lupe (Angelica). Paragonando gli uomini agli animali, il narratore trasforma le persone in creature d'istinto, dando una visione pessimistica delle loro azioni, così come della società e della politica del tempo. Gli uomini sono paragonati agli animali, che lottano tra loro per sopravvivere.

TANCREDI FALCONERI

Tancredi Falconeri, giovane nipote e favorito del Principe, è tanto affascinante quanto beffardo. Si adatta all'immagine dell'ambizioso arrampicatore sociale ed è astuto quando si tratta di eventi politici. Partecipa alla rivoluzione di Garibaldi, poi si arruola nell'esercito. Appoggia la causa dei liberali per conservare i vantaggi della sua classe. Sebbene la sua scelta di sposare Angelica appaia inizialmente piuttosto romantica, in realtà non è altro che uno stratagemma finanziario per avere accesso alla fortuna della moglie.

Il destino di Tancredi sembra essere l'inverso di quello del Principe. Mentre Don Fabrizio comincia a decadere e a invecchiare, Tancredi è ancora nel fiore della sua giovinezza e sta salendo nel mondo. Tuttavia, i compromessi a cui scende (il matrimonio e il coinvolgimento con Garibaldi) gli impediscono di essere considerato l'ultimo rappresentante della famiglia Salina, i leopardi. Vuole godersi la vita senza essere frenato dal passato e dalle tradizioni che legano l'aristocrazia. È l'unico personaggio della famiglia che non soffre del declino dell'aristocrazia. Alla fine del romanzo, scopriamo che muore poco prima del settantesimo compleanno della moglie.

PADRE PIRRONE

Padre Pirrone è il prete di casa Salina. Il suo personaggio va di pari passo con quello del principe di Salina e i due formano una coppia perfetta. Gesuita e matematico colto, Pirrone diventa sempre più complesso nel corso del romanzo, il che gli conferisce un posto importante nella storia. Il quinto capitolo, interamente dedicato a lui, ci permette di conoscerlo meglio. Fino a quel momento è sempre stato all'ombra della grande figura di Don Fabrizio: per la prima volta vengono esplorate le sue umili origini e il grande rispetto che la gente ha per lui. Durante le liti familiari, Padre Pirrone si dimostra molto abile e conoscitore della natura umana.

Il personaggio è trattato in modo sottile: viene preso in giro con dolcezza dal narratore, perché non avrà più un posto nella nuova società che si profila appena dopo la morte del Gattopardo. Alla fine, muore diversi anni prima di don Fabrizio.

DON CALOGERO SEDARA

Sedara è il padre di Angelica. Se Don Fabrizio è un leone o un leopardo, Sedara è paragonato a uno sciacallo per il suo opportunismo: approfitta degli eventi e insegue gloria e denaro. Rappresenta la borghesia corrotta e trionfante dell'epoca del *Risorgimento* ed è oggetto di numerosi commenti satirici da parte del narratore: volgare, materialista e ridicolo, solo la sua intelligenza molto pragmatica, il suo ingegno e il suo fiuto per gli affari riescono a fargli guadagnare l'ammirazione del Principe.

Polarmente opposto a Don Fabrizio, Sedara simboleggia l'uomo nuovo, la nuova borghesia che viene a colmare il vuoto lasciato dall'aristocrazia in declino. Alla fine del romanzo ne esce vincitore, con la figlia membro dell'aristocrazia. A questo punto, il Principe osserva che il suo modo di vestire comincia a migliorare, cosa che all'inizio del libro tradiva le sue origini umili.

I PERSONAGGI FEMMINILI

I personaggi femminili sono ritratti in modo piuttosto sprezzante nel corso dell'intero romanzo. L'immagine che ci viene data di loro è, in un certo senso, una rappresentazione accurata della posizione delle donne nel mondo maschilista della Sicilia del XIX secolo.

Le donne, in particolare quelle della famiglia Salina, sono descritte il più delle volte come pie e sottomesse. In realtà, la loro mancanza di azione appare a volte piuttosto ridicola. Cresciute con i costumi dell'epoca, sono tutte devote, non sanno nulla di politica e sono fermamente attaccate ai segni superficiali che dimostrano la loro appartenenza all'aristocrazia. Nella famiglia Salina, però, una delle figlie del Principe è l'eccezione alla regola: Concetta. Di tutti i figli del Principe, è l'unica che si concede occasionalmente dei periodi di focalizzazione interna. Appare come una vera Salina: proprio come il padre, è forte, irremovibile e fortemente attaccata alla sua eredità. È sottovalutata dal padre, che le preferisce Tancredi, perché è una donna riservata. È vittima della storia e del pragmatismo. Rifiutata da Tancredi, di cui è innamorata, appare anche come una tragica eroina romantica. Come le sue sorelle, finisce zitella e quindi non contribuisce alla continuazione della sua stirpe. Vede l'aristocrazia subire un ultimo colpo quando il clero le sottrae le reliquie religiose della sua famiglia, simboleggiando la fine del declino dell'aristocrazia: non rimane più nulla di valore della sua infanzia.

Angelica è notevolmente diversa dalle altre donne del romanzo. Estremamente bella, incarna il movimento e la sensualità. Il narratore rivela anche la sua natura profondamente ipocrita, ambiziosa e superficiale. Viene presentata come una femme fatale, una corruttrice che riesce a sposare un aristocratico nonostante le sue origini oscure. Viene paragonata a una vipera o a una lupa, il che accresce il suo aspetto pericoloso. Proprio come il padre, insegue la fortuna e la gloria. È anche la perfetta rappresentazione delle fantasie maschili. Alla fine del racconto, qualche tempo dopo la morte del marito, fa visita alla famiglia Salina e il narratore lascia intendere che presto si ammalerà gravemente.

BENDICÒ

Bendicò è l'alano di Don Fabrizio. Pur essendo un animale, ha un ruolo fondamentale nel romanzo: secondo l'autore stesso, è un personaggio molto importante che rappresenta la chiave del romanzo.

È un cane vivace e affettuoso. Appare sia all'inizio che alla fine del romanzo. È presente nella maggior parte delle scene, sempre sullo sfondo, e spesso viene paragonato a un umano o serve come punto di paragone con un personaggio. Ad esempio, Mariannina, la prostituta che Don Fabrizio frequenta regolarmente, viene descritta come Bendicò in gonnella.

Il cane ha un rapporto molto forte con il Principe, che fa molto affidamento su di lui e lo paragona addirittura alle stelle, perché gli portano felicità e serenità. Bendicò è anche un acuto giudice del carattere: a seconda delle situazioni, ringhia contro alcuni personaggi (ad esempio, ringhia contro Angelica e Don Calogero, perché appartengono alla borghesia e sono quindi un pericolo per l'aristocrazia).

Tuttavia, Bendicò è un simbolo della casa Salina più di ogni altra cosa. È un cane con un'eredità nobile, un cane imponente come il suo padrone e che guarda dall'alto in basso le classi inferiori come la borghesia. Spensierato per tutto il romanzo, muore alla fine della storia e viene impagliato, simboleggiando così il declino della famiglia. A questo punto, appare piuttosto patetico: non è altro che una pelle divorata dai vermi. Concetta finisce addirittura per gettarlo dalla finestra.

"Pochi minuti dopo ciò che restava di Bendicò fu gettato in un angolo del cortile [...] Durante il volo giù dalla finestra la sua forma si ricompose per un istante; nell'aria si sarebbe potuto vedere danzare un quadrupede dai lunghi baffi, e la sua zampa anteriore destra sembrava sollevata nella polvere. Poi tutti trovarono pace in un cumulo di polvere livida" (p. 79).

Nei suoi ultimi istanti, Bendicò sembra un leopardo danzante, lo stemma dei Salinas, prima di scomparire in un cumulo di polvere. Egli rappresenta la caduta della famiglia e, più in generale, il declino dell'aristocrazia.

ANALISI

UN ROMANZO STORICO

Il Gattopardo è un romanzo storico, il che significa che mescola eventi reali con elementi di fantasia.

* Da un lato, *Il Gattopardo* è un resoconto degli eventi storici che hanno segnato l'Italia del XIX secolo e può essere visto come una descrizione accurata di ciò che è realmente accaduto.

* D'altra parte, introduce diversi personaggi di fantasia, come la famiglia Salina, che non è mai esistita, anche se sembra ispirata agli antenati di Lampedusa.

Come ci si può aspettare da un romanzo storico, tutti i personaggi e gli eventi immaginari avrebbero potuto tranquillamente esistere, tenendo conto dei fatti storici.

Gli eventi storici dell'epoca fanno da sfondo al romanzo. Il destino del principe di Salina è incorniciato e plasmato dal *Risorgimento*, un episodio importante della storia d'Italia che ha portato all'unificazione del Paese. *Il Gattopardo* inizia infatti con lo sbarco del generale Garibaldi, uno dei principali protagonisti del *Risorgimento*, a Marsala, in Sicilia, l'11 maggio 1860. A questo punto l'Italia è divisa in tre parti:

* Lo Stato Pontificio;

* Il Nord, sotto il governo del re Vittorio Emanuele II, sostenuto dagli austriaci;

- Il Sud, chiamato Regno delle Due Sicilie, dove regna Francesco II.

La vittoriosa spedizione di Garibaldi porta l'aristocrazia e il re di Sicilia sotto il potere di Vittorio Emanuele II. Nel terzo capitolo del *Gattopardo*, ci vengono raccontati l'organizzazione e i risultati del plebiscito indetto da Vittorio Emanuele II il 21 ottobre 1861, attraverso il quale i siciliani votano sull'unificazione del Paese. L'importanza delle date all'inizio di ogni parte, la rievocazione dei principali eventi di un'epoca travagliata e la citazione di personaggi realmente esistiti (in particolare Garibaldi), nonché la rappresentazione realistica della vita dell'epoca, fanno del libro un romanzo storico.

Tuttavia, è il punto di vista del protagonista, un membro dell'aristocrazia, a dominare la storia: il *Risorgimento*, l'unione delle Due Sicilie e del Regno d'Italia e gli sconvolgimenti sociali dell'epoca sono visti attraverso gli occhi di un testimone leggermente distante dagli eventi. Di conseguenza, la trama principale si concentra sui profondi cambiamenti nel rapporto tra borghesia e aristocrazia. Gli eventi sono quindi suggeriti piuttosto che descritti esattamente come sono accaduti: sono più spesso oggetto di ricordi e conversazioni, e sono generalmente presentati con uno stile indiretto libero.

Il romanzo è incentrato sull'interazione delle forze sociali, incarnate dai diversi personaggi del romanzo:

- Don Fabrizio rappresenta l'aristocrazia logora e troppo arroccata nelle sue tradizioni. Tuttavia, nel corso del romanzo, il Principe inizia ad avere una visione più lucida degli eventi: ad esempio, accetta l'inevitabile prospettiva della fine del mondo così come lo conosce.

- L'ascesa fulminea di Don Calogero rappresenta l'avvento della borghesia. Intelligente e senza scrupoli, è un personaggio sempre alla ricerca del potere.

- Tancredi è, in un certo senso, un falso eroe, che ben si adatta all'ambiguità di questa rivoluzione.

Il romanzo di Lampedusa ha una visione piuttosto pessimistica degli eventi descritti. Nessun gruppo sociale sfugge alla visione disillusa e ironica dell'autore, e in tutto il romanzo è presente una critica generale alla mancanza di ideali e valori della società, nonché all'inesorabilità del tempo. Soprattutto, secondo Lampedusa, se la speranza non può più essere trovata nella nobiltà, allora gli eventi recenti devono lasciarci pessimisti anche per quanto riguarda il futuro politico. Il plebiscito truccato è visto come una "menomazione delle anime" (p. 32), che ha portato alla mancata nascita della democrazia, e Garibaldi è mitizzato in modo grottesco (la litografia che lo rappresenta lo fa assomigliare in modo ridicolo al dio Marte, secondo don Fabrizio). I nuovi al potere non faranno più di quelli vecchi, lo stesso arcaismo dividerà il Nord dal Sud e la Sicilia resterà quella di sempre: miserabile.

UNA CONTEMPLAZIONE METAFISICA DELL'UOMO E DEL SUO RAPPORTO CON IL TEMPO E LA MORTE

Il Gattopardo è un romanzo sul declino. Il suo eroe contempla lo sgretolamento del mondo che conosce, senza poter fare nulla. Il declino economico e spirituale dell'aristocrazia è rappresentato dal suo splendore scheggiato, dagli edifici abbandonati e dalla sterilità delle tre sorelle nubili. Ma è anche la fine di un modo di vivere e di un certo modo di pensare, come suggerisce Don Fabrizio.

Da ciò si evince che la morte è ovunque. Don Fabrizio è spesso preso da una profonda malinconia e, secondo Tancredi, flirta con la morte quando contempla il quadro di Greuze. La morte è anche personificata nella figura di Venere da Don Fabrizio, quando pensa alla propria morte davanti al quadro di Greuze, una morte che è vicina come la fine dell'aristocrazia. Nel settimo capitolo *del Gattopardo* la morte è trattata in modo piuttosto insolito, perché la vediamo attraverso gli occhi di un moribondo: il lettore assiste quindi agli ultimi momenti del Principe come li vede lui stesso. La morte non è spesso trattata in questo modo in letteratura: I *piaceri e i giorni* (1896) di Marcel Proust (scrittore francese, 1871-1922) e *La morte di Ivan Ilyich* (1886) di Leone Tolstoj (scrittore russo, 1828-1910) sono due rari esempi.

Infine, va notato che nel romanzo ci sono molte rappresentazioni realistiche della morte, come il soldato morto nel giardino nel primo capitolo (p. 4) e i cadaveri in decomposizione che Don Fabrizio scopre all'uscita del ballo:

> *"Un lungo carro aperto passava accatastato di tori uccisi poco prima al macello, già squartati e che mostravano il loro intimo meccanismo con la spudoratezza della morte. A intervalli una grossa e densa goccia rossa cadeva sul marciapiede" (p. 68).*

Il romanzo si interroga sul luogo del cambiamento e dell'eternità: di fronte ai cambiamenti della storia, il Principe desidera l'eternità, che si manifesta in particolare attraverso la sua ricerca dell'astronomia (attraverso le stelle, contempla l'infinito: Venere, che egli ammira, brilla da anni). Anche il suo apprezzamento per l'immutabile paesaggio siciliano si ricollega al suo desiderio di eternità: "Le note del valzer nell'aria calda non gli sembravano che una stilizzazione dei venti incessanti che arpeggiavano le loro pene sulle superfici riarse, oggi, ieri, domani, sempre e per sempre" (p. 64). Il Principe è alla ricerca dell'eternità, e forse anche di una sorta di trascendenza che gli porterà calma, conforto e gioia, nonostante i rischi della vita politica.

UNO STUDIO SULLA SOGGETTIVITÀ

La storia è raccontata da un narratore esterno e onnisciente. Tuttavia, non si può negare che il punto di vista dominante sia quello del Principe di Salina. Infatti, i suoi pensieri ci vengono rivelati attraverso i frequenti passaggi alla focalizzazione interna, raramente utilizzata per gli altri personaggi (tranne nella parte dedicata a Padre Pirrone, che ci permette di vedere gli eventi da una prospettiva diversa). Inoltre, c'è una certa ambiguità sull'origine dei giudizi del libro: vengono dal narratore o da don Fabrizio?

Grazie a questi passaggi di focalizzazione interna, il lettore entra nella mente del Principe e accede ai pensieri interiori di un uomo meditativo e riflessivo, nonché alle molte sfumature della sua personalità. Scopriamo la sua solitudine, i suoi dubbi, il suo pessimismo e la sua visione della Sicilia, che indicano una vera e propria filosofia dell'esistenza. Nel complesso, la scarsa focalizzazione interna utilizzata per gli altri personaggi rafforza il senso di solitudine del Principe e la natura incoerente dell'aristocrazia in declino.

La focalizzazione interna permette inoltre al lettore di identificarsi e di immedesimarsi nella complessità e nella solitudine del Principe. Inoltre, conferisce al romanzo un tono fortemente commovente. Infine, permette al lettore di beneficiare delle conoscenze di Don Fabrizio, di entrare nel mondo separato dell'aristocrazia e di comprenderne i codici e le raffinatezze. Le riflessioni del Principe sono anche quelle che permettono al lettore di scoprire cosa è successo nel tempo trascorso tra una parte e l'altra della storia.

RELIGIONE E SENSUALITÀ

A prima vista, la religione sembra essere molto importante nella società aristocratica della Sicilia che la famiglia Salina rappresenta. Il romanzo si apre con una preghiera, quando vediamo don Fabrizio recitare il rosario. Nella casa di famiglia c'è una cappella e il ritmo della vita è determinato dalle campane della chiesa. I Salinas vanno a Messa e a confessarsi. Inoltre, le figlie sono tutte entrate in convento. Questa religione al centro dell'aristocrazia è incarnata da Padre Pirrone, che è in compagnia del Principe per la maggior parte del tempo. Tuttavia, la sua posizione è ambigua. Spesso, infatti, è solo una figura di sfondo, derisa dagli altri e persino dal Principe stesso. Don Fabrizio esce dal bagno nudo davanti al prete e ride del suo disagio. Peggio ancora, lo porta con sé nelle sue avventure extraconiugali a Palermo.

Nonostante l'apparente pietà della famiglia, il Principe non sembra dare molta importanza alla fede: si confessa pur sapendo bene che è un compito inutile, e sembra credere più all'astronomia e alle stelle che a Dio. L'ipocrisia di Don Fabrizio sul tema della religione si nota anche in altri personaggi.

Tancredi si prende gioco della Chiesa quando racconta di quando lui e i suoi amici fecero irruzione in un convento, con grande sorpresa e sdegno delle suore.

La fede dei Salinas è quindi mutevole e irriverente, e a volte viene persino rifiutata. Infatti, il Principe, insoddisfatto del suo matrimonio, denuncia la repressione della sessualità da parte della Chiesa: non ha mai visto l'ombelico della moglie e, ogni volta che i due fanno sesso, lei si fa il segno della croce prima e grida "Gesummaria" alla fine. A causa della prudenza di Maria Stella, don Fabrizio ha diverse amanti, una delle quali è una prostituta. Questa "ribellione" è presente in tutto il romanzo. Il testo si tinge anche di una certa sensualità, soprattutto grazie alla presenza di Angelica. La bella e scandalosa ragazza attira gli sguardi di tutti durante i pasti e viene ammirata come un oggetto. La sua carnagione ricorda la panna e le sue labbra le fragole: gli uomini vogliono assaggiarla. Sono la sua sicurezza di sé e i suoi abiti succinti ad attrarre il giovane Tancredi. Mentre le donne Salina esistono solo grazie alla loro sottomissione a Don Fabrizio (Maria Stella e Concetta accettano entrambe il matrimonio tra Tancredi e Angelica perché lui glielo dice), Angelica rappresenta l'intrusione e il trionfo della sensualità nell'atmosfera prudente di questa famiglia aristocratica. Quando lei e Tancredi passeggiano tra gli angoli del labirintico castello, nel bel mezzo di una sorta di gioco sensuale, tutti gli istinti amorosi della casa si risvegliano. Una nuova e calda atmosfera avvolge i Salinas e risveglia i loro desideri sessuali, anche quelli della vecchia governante, che di notte si accarezza i seni.

Angelica si fa quindi notare nell'aristocrazia e seduce Tancredi e Don Fabrizio con il suo fascino e la sua grazia naturale. Riesce a salire nella scala sociale grazie al suo potere sugli uomini e finisce per sposare un aristocratico. Simboleggia l'ascesa al potere della borghesia. Grazie al suo matrimonio, diventa la Principessa di Falconeri. Le tre sorelle Salina, invece, dedicano la loro vita alla religione e finiscono zitelle, circondate da polverose reliquie. Esse rappresentano l'aristocrazia decaduta, troppo legata ai suoi schemi per sopravvivere in questa nuova Italia.

Tuttavia, il trionfo della sessualità non è prerogativa della borghesia, ma piuttosto della gioventù. Don Fabrizio invidia la libertà di Tancredi e Angelica, che godono della bellezza e dello spirito della loro giovinezza, mentre lui stesso sente di essere già in discesa verso la morte. Il matrimonio, istituzione religiosa, porrà fine alla loro eccitazione giovanile.

> *"Quelli furono i giorni più belli della vita di Tancredi e Angelica, vite che in seguito sarebbero state così variegate, così erranti, sullo sfondo inevitabile del dolore. Ma allora non lo sapevano; e inseguivano un futuro che ritenevano più concreto di quanto poi si rivelasse, fatto solo di fumo e vento. Quando erano vecchi e inutilmente saggi il loro pensiero tornava a quei giorni con insistente rimpianto; erano stati giorni in cui il desiderio era sempre presente perché sempre superato, in cui molti letti erano stati offerti e rifiutati, in cui l'impulso sensuale, perché trattenuto, era stato per un attimo sublimato in rinuncia, cioè in vero amore" (p. 46).*

Come tutto nel romanzo, la sensualità e la vivacità sono destinate a spegnersi. Il tempo porta via tutto al suo passaggio.

ULTERIORI RIFLESSIONI

ALCUNE DOMANDE SU CUI RIFLETTERE...

- Cosa rende *Il Gattopardo* un romanzo storico?

- Che rapporto stabilisce Lampedusa tra uomini e animali nel *Gattopardo*?

- Che ruolo ha la religione nel romanzo?

- Quale visione dell'amore presenta il romanzo di Lampedusa?

- Cosa divide le famiglie di Salina e Sedara?

- Il quinto capitolo del romanzo, quello dedicato a padre Pirrone, può essere considerato una digressione?

- Secondo voi, perché Lampedusa ha fatto di don Fabrizio uno scienziato, in particolare un astronomo?

- Secondo voi, perché il romanzo non si conclude alla fine del settimo capitolo con la morte del Principe?

- L'apprezzamento di Lampedusa per la letteratura francese è evidente ne *Il Gattopardo*. L'autore stesso insiste sul carattere intertestuale del suo romanzo. Esaminate le variazioni su "Un viaggio a Citera", una poesia tratta da *I fiori del male* di Baudelaire (poeta francese, 1821-1867) e sottolineate le analogie tra la scena della morte nel settimo capitolo del romanzo e la morte di Baldassare Silvande in *Piaceri e giorni* di Marcel Proust.

- Il regista Luchino Visconti adattò il romanzo di Lampedusa per il cinema nel 1963. Anche se il film fu lodato per il suo fedele adattamento dell'opera originale, alcune scene furono ampliate mentre altre furono eliminate. Spiegate perché Visconti ha fatto questo.

ULTERIORI LETTURE

EDIZIONE DI RIFERIMENTO

Tomasi, G. (2007) *Il Gattopardo*. Trans. Colquhoun, A. New York: Pantheon.

STUDI DI RIFERIMENTO

Donadio, R. (2008) Saggio: Il "Gattopardo" di Lampedusa, cinquant'anni dopo. *New York Times*. [Online]. [Accessed 21 March 2017]. Disponibile da: <http://www.nytimes.com/2008/07/29/arts/29iht-booktue.1.14826755.html>

Mitchell, D. (2006) Scelta del libro: Il Gattopardo. *The Telegraph*. [Online]. [Accessed 21 March 2017]. Disponibile da: <http://www.telegraph.co.uk/culture/3649935/Book-choice-The-Leopard.html>

ADATTAMENTO

Il Gattopardo. (1963) [film]. Luchino Visconti, dir. Italia: Titanus.

Vogliamo sapere da voi!
Lasciate un commento sulla vostra biblioteca online
e condividete i vostri libri preferiti sui social media!

www.50minutes.com

Master ISBN: 9782808691031
ISBN cartaceo: 9782808612432
Deposito legale: D/2023/12603/1523

Copertura: © Primento

Concezione digitale a cura di Primento, il partner digitale degli editori.